Historische und Schmuck-Gullydeckel

aus dem Land Brandenburg

Band 1 aus der Reihe
„Interessante Gullydeckel aus deutschen Bundesländern"

gesucht, gefunden und fotografiert
von Klaus-Dieter Stamm

Historische und Schmuck-Gullydeckel
aus dem Land Brandenburg

Band 1 der Reihe „Interessante Gullydeckel aus deutschen Bundesländer"

gesucht, gefunden und fotografiert
von Klaus-Dieter Stamm   Email: abwasser@email.de

Bibliografische Information der Deutschen Nationalbibliothek: Die Deutsche Nationalbibliothek verzeichnet diese Publikation in der Deutschen Nationalbibliografie; detaillierte bibliografische Daten sind im Internet über dnb.dnb.de abrufbar.

© 2021 Stamm, Klaus-Dieter
Herstellung und Verlag: BoD – Books on Demand, Norderstedt

ISBN: 978-3-7557-1405-7   Verkaufspreis: 7,50 EUR

Inhaltsverzeichnis

Inhaltsverzeichnis

Vorwort

Man sollte zwar stets den Kopf oben behalten und nach vorn blicken, aber so manches Mal lohnt sich auch der Blick nach unten.

Es ist doch schon erstaunlich, was wir so alles mit den Füßen treten, ohne es zu merken. Vieles ist für unser Leben notwendig und wichtig, wieder anderes erinnert uns an frühere Zeiten.

„Ach, da sind Gullydeckel, die sehen ja alle gleich aus."

Denkste! Viele Orte haben ganz spezielle Gullydeckel. So manche Stadt oder die Wasserbetriebe bieten Gullydeckel in besonderer Gestaltung z. B. mit Wappen und interessanten Inschriften. Andere wieder sind alt oder gar uralt von vor über 100 Jahren.

Also Kopf hoch und nach unten geschaut, man wird es nicht bereuen. Es muss ja nicht immer gleich ein Foto entstehen.

Gullydeckel ist eigentlich ein Begriff für Straßenabläufe des Regenwassers. Fachlich korrekt müsste man von Schacht- oder Kanaldeckel sprechen, aber jedermann weiß, was gemeint ist, wenn man von einem Gullydeckel spricht.

Bei mir fing das Fotografieren der Gullydeckel im August 2014 an, als meine Frau mir in Coburg einen Gullydeckel mit einem Mohrenhaupt *(er stellt den Stadtpatron Mauritius dar)* zeigte.

Inzwischen habe ich schon einige Leute für die Suche nach „schönen" Gullydeckeln begeistert und so manch Gleichgesinnten getroffen.

Vorwort

Im Rentnerdasein muss man irgendwann auch wieder einmal neue Impulse setzen. Da kam mir das Tarifangebot *VBB-Abo 65plus* gerade recht und so konnte ich alle mir bekannten Brandenburger Orte mit Gullydeckeln besuchen und viele der mir bekannten Deckel noch mal selbst fotografieren. Durch Recherchen im Internet kamen noch so einige Ziele hinzu.

Dank gilt hier allen Freunden und Bekannten, die für mich immer die Augen offen gehalten haben, um neue Gullydeckel, egal ob in Brandenburg oder anderswo, zu finden.

Besonderen Dank gilt auch den vielen Mitarbeitern der Tourist-Informationen in den einzelnen Städten, des Verkehrsverbundes Berlin-Brandenburg (VBB), der Trinkwasser- und Abwasserverbände sowie der Tiefbau- und Straßenämter, die sich fast ausnahmslos positiv und aufgeschlossen meinen Fragen zu den Gullydeckeln in ihrem Bereich stellten.

Für den Fall, dass diese kleine Broschüre Interesse bei den Lesern findet, will ich gerne auch für andere Bundesländer ähnliches zusammenstellen, so dass dann wirklich eine Buchreihe über interessante Gullydeckel entsteht. Jetzt wäre der erste Band über „Interessante Gullydeckel aus deutschen Bundesländern" geschafft.

Für weitere Bände liegt Material bereit. Gerne nehme ich die Unterstützung anderer Foto- oder Sammlerfreunde an.

Klaus-Dieter Stamm
im November 2021

1 Land und Landkreise

Am 3. Oktober 1990 wurde das Land Brandenburg durch Zusammenlegung der Bezirke Cottbus *(ohne die Landkreise Hoyerswerda, Jessen und Weißwasser)*, Frankfurt (Oder) und Potsdam zuzüglich der Landkreise Perleberg *(vorher Bezirk Schwerin)* sowie Prenzlau und Templin *(vorher Bezirk Neubrandenburg)* neu gegründet. Das Land umfasste so 38 Landkreise und sechs kreisfreien Städte.

Die derzeitige Verwaltungsgliederung des Landes kam durch die Kreisreform vom 6. Dezember 1993 zustande. Das Land Brandenburg ist in insgesamt 14 Landkreise sowie vier kreisfreie Städte untergliedert. Einzigartig ist dabei, dass keiner der neuen Landkreise nach seiner Kreisstadt benannt wurde.

Gullydeckel mit dem Wappen oder dem Logo des Landes oder eines Landkreises treten nur sehr selten auf. Selbst die Stadt Potsdam gibt auf keinem Gullydeckel an, dass sie Landeshauptstadt von Brandenburg ist. Dies ist in keinem anderen Bundesland der Fall.

Land Brandenburg

Land Brandenburg

Im Zentrum des Gullydeckels steht das Wappentier *(Brandenburgischer Ader, auch Märkischer Adler oder Roter Adler genannt)* des Landes Brandenburg.

Es handelt sich um einen Gullydeckel mit einer maximalen Belastung von 5 Tonnen, also für Verkehrsflächen, die ausschließlich von Fußgängern und Radfahrern benutzt werden können.

Interessant ist die Fundstelle: S-Bahnhof Berlin-Lichterfelde (Ost) östlicher Ausgang.

Land Brandenburg

Land Brandenburg

Im Zentrum des Gullydeckels steht das Wappentier des Landes Brandenburg im Schild.

Auch hier handelt sich um einen Gullydeckel für eine geringe Belastung A 15, also für Verkehrsflächen, die ausschließlich von Fußgängern und Radfahrern benutzt werden können. Der Fundort dieses Deckels liegt auf einer Grünfläche in Fürstenwalde in der Karl-Liebknecht-Straße 55 hinter dem Häuserblock.
Hersteller des Innenteils des Gullydeckels (Wappen und Inschrift) war die Firma Engel & Leonhardt Stahlbetonfertigteile in Storkow.

Land Brandenburg

Land Brandenburg

Im Zentrum des Gullydeckels steht das Wappentier des Landes Brandenburg in einem viermal durchbrochenen Sechseck. Oberhalb des Adlers steht unter dem Namen des Herstellers „HYDROTEC" die Inschrift BRANDENBURG. Auch dieser Deckel ist nur für geringe Belastungen bis 50 kN (5 Tonnen) ausgelegt.

Fundort: 16761 Hennigsdorf

Land Brandenburg

Land Brandenburg

Der Gullydeckel der Firma Meierguss ziert in der Mitte das Logo des Landes Brandenburg mit dem Schriftzug „Land Brandenburg" und einem darüberfliegenden stilisiertem Adler mit ausgebreiteten Flügeln.

Fundort: 15366 Neuenhagen bei Berlin, Hermann-Löns-Straße 5

Landkreis Dahme-Spreewald

Landkreis Dahme-Spreewald

Der Landkreis Dahme-Spreewald wurde im Ergebnis der Kreisgebietsreform im Dezember 1993 aus den Altkreisen Lübben, Luckau und Königs Wusterhausen gebildet. Im Zentrum des Gullydeckel steht das Wappen des Landkreises. Es verweist auf die ehemaligen Zentren dieser drei Altkreise. Der Stierkopf steht für das Markgrafentum Niederlausitz mit den Altkreisen Lübben und Luckau. Die Krone und der Adlerkopf stehen für die Stadt und den Kreis Königs Wusterhausen. Die blaue Spitze soll die zahlreichen nach Norden zusammenfließenden Gewässer symbolisieren.

Landkreis Oder-Spree

Landkreis Oder-Spree

Der Landkreis entstand im Ergebnis der Kreisgebietsreform am 6. Dezember 1993 durch Zusammenlegung der kreisfreien Stadt Eisenhüttenstadt und der Landkreise Eisenhüttenstadt, Beeskow und Fürstenwalde. Im Zentrum des Gullydeckels befindet sich das Wappen des Landkreises. Es spiegelt die historischen Traditionen der Teilgebiete des heutigen Landkreises gleichermaßen wider. Dabei stehen die drei silberne Sensenklingen für die Ritter von Strele und eine rote Hirschstange für die Herren von Biberstein, die Herrschaften von Storkow und Beeskow früherer Zeiten.

Fundorte: 15848 Beeskow, Klosterstraße und 15517 Fürstenwalde, Eisenbahnstraße

2

Städte und Gemeinden

Ein kleiner Teil der Städte und Gemeinden des Landes Brandenburg nutzt die Möglichkeit, ihre kommunalen Aufgaben der Abwasserentsorgung mit Werbezwecken für ihre Kommune zu verbinden. Sie gestalten ihre Gullydeckel mit ortsspezifischen Motiven und versuchen so insbesondere Touristen anzusprechen.

Bei der Gestaltung der Deckel kommt oft das Wappen der Kommune zum Einsatz und ggf. wird auch auf ein besonderes Ereignis wie ein Jubiläum oder eine Neueröffnung hingewiesen.

Eine Vielzahl der Kommunen verzichtet aber meist aus Kostengründen auf diesen Werbeeffekt und verwendet lediglich die preiswerteren Standarddeckel der großen Anbieter.

Bad Freienwalde (Oder)

Stadt im Landkreis Märkisch-Oderland

Die Stadt ist ein staatlich anerkanntes Moorheilbad sowie nördliches Zentrum der Märkischen Schweiz. Das Wappen ist wie folgt gestaltet:

„In Silber eine bewurzelte grüne Eiche (mit 8 Blättern und 5 Früchten), deren Stamm von zwei kleinen silbernen Schilden mit je einem sechsspeichigen roten Rad beseitet ist." [1] Die sechsspeichigen roten Räder entstammen dem Wappen der Familie von Uchtenhagen. Das Wappen wurde am 7. Januar 1994 genehmigt.

Bad Freienwalde (Oder)

Bad Freienwalde (Oder)

Stadt im Landkreis Märkisch-Oderland

Die Schmuck-Gullydeckel der Stadt Bad Freienwalde gibt es sowohl von der Firma MeierGuss Limburg GmbH & Co. KG, Limburg als auch von der Firma Kanalguss GmbH, Duisburg. Die Gullydeckel gibt es mit und ohne Lüftungslöcher (Schmutz- bzw. Regenwasserkanal)

Fundorte: Bad Freienwalde, Marktplatz/Königstraße

Beelitz

Stadt im Landkreis Potsdam-Mittelmark

Seit dem 28. Mai 2013 führt die Stadt offiziell, auch auf den Ortseingangsschildern, die Zusatzbezeichnung „Spargelstadt".

Das Wappen wurde am 10. Januar 1992 genehmigt. Es ist wie folgt gestaltet:

„In Silber ein gold-bewehrter und mit goldenen Kleestengeln auf den Saxen belegter roter Adler, in seinen Fängen rechts ein goldener Schlüssel und links ein goldener Halbmond."[2]

Fundorte: 14547 Beelitz, Berliner Straße und Rathaus

Beeskow

Beeskow
(niedersorbisch: Bezkow)
Kreisstadt des Landkreises Oder-Spree

Beeskow wird auch das „Tor zur Niederlausitz" genannt.

Den Gullydeckel ziert das Wappen der Stadt. Ihn gibt es auch mit der zusätzlichen Inschrift „WAZV" als Hinweis auf den Wasser- und Abwasserzweckverband Beeskow und Umland *(siehe nächste Seite).*

Fundort: 15848 Beeskow, Bodelschwinghstraße

Beeskow
(niedersorbisch: Bezkow)
Kreisstadt des Landkreises Oder-Spree

Das Wappen ist wie folgt gestaltet: „In Rot ein spitzbedachtes, mit vier Fialen verziertes und zwei übereinander gestellten Öffnungen versehenen gotisches Portal, belegt mit zwei schräg gegeneinander gestellten Schilden. Vorn in Rot drei übereinanderliegende silberne Sensenklingen (mit der Schneide nach oben gekehrt); hinten in Gold eine rote, nach rechts gebogene, fünfendige Hirschstange."[3]) Es wurde am 15. März 1997 genehmigt.

Brandenburg an der Havel

Kreisfreie Stadt im Land Brandenburg

Den Gullydeckel ziert das historische Doppelwappen, das am 13. März 1995 offiziell genehmigt wurde. Es besteht aus den beiden Schilden der Altstadt Brandenburg (links) und Neustadt Brandenburg (rechts), die jeweils eine Burg zeigen und darüber thront die Krone, als Symbol der Vereinigung.

Die slawische namensgebende Brandenburg wurde erstmals 928 oder 929 schriftlich erwähnt.

Brandenburg an der Havel

kreisfreie Stadt im Land Brandenburg

In der Stadt Brandenburg an der Havel findet man zwei verschiedene Ausführungen der Schmuck-Gullydeckel. Zum einen, die der Firma Buderus (siehe oben) und zum anderen die der Firma Meierguss (siehe vorherige Seite), von der die Firma Buderus im ahr 2012 übernommen wurde.

Fundorte: 14776 Brandenburg an der Havel, Am Hauptbahnhof und Neustädter Markt

Falkensee

Stadt im Landkreis Havelland

Die Stadt Falkensee ist ein Mittelzentrum im Land Brandenburg.
Das Wappen wurde am 9. Februar 1994 genehmigt. Es wird wie folgt beschrieben:
„In Blau ein von silbernen Leisten begleiteter breiter grüner Schräglinksbalken, vorn oben eine aufgehende, ungebildete zwölfstrahlige goldene Sonne, im Balken ein linksgewendeter fliegender silberner Falke, hinten unten ein gestürzter silberner Fisch." [4])
Fundorte: 14612 Falkensee, Poststraße/Bahnhofstraße und Potsdamer Straße

Forst (Lausitz)
(niedersorbisch: Baršć)
Kreisstadt des Landkreises Spree-Neiße

Die Stadt ist wegen des Ostdeutschen Rosengartens und des Museums für die Geschichte des Tuchmacherhandwerks weit über die Landesgrenzen hinaus bekannt. Traditionell finden die Rosengartenfesttage am letzten Juni-Wochenende statt

Fundort: 03149 Forst, Wehrinselstraße/Paul-Högelheimer Weg -
Alter Eingang zum Rosengarten

Hönow

Ortsteil der amtsfreien Gemeinde Hoppegarten
im Landkreis Märkisch-Oderland

Die Jahreszahl 1996 im Deckel weist auf die ersten Neubauten im Jahre 1996 hin. Das Wappen zeigt das Wappentier von Hönow, eine Schildkröte, eine Ähre für die Landwirtschaft und blaue Wellen für das Wasser der den Ort umgebenen Weiher.

Fundort: 15366 Hönow, Am Grünzug/Nußbaumweg/Ulmenstraße

Hönow

Ortsteil der amtsfreien Gemeinde Hoppegarten
im Landkreis Märkisch-Oderland

Seit dem 26. Oktober 2003 gehört Hönow zur Gemeinde Hoppegarten. Diese grenzt im Westen unmittelbar an die Ortsteile Berlin-Hellersdorf und Berlin-Mahlsdorf.

Die Gullydeckel unterscheiden sich für Abdeckungen für Regenwasser- **(R)** und Schmutzwasserkanäle **(S)** oberhalb des Wappens.

Hohen Neuendorf

Stadt im Landkreis Oberhavel

Im Zentrum des Gullydeckels steht das Wappen der Stadt. In der Mitte des Wappen befindet sich eine märkische Kiefer, an deren Stamm zu beiden Seiten ein Schild steht. Auf den Schilden sind die Wappen der Familie von Buch (rechts) und links der Familie von Wins zu sehen.

Hohen Neuendorf

Stadt im Landkreis Oberhavel

Die Gullydeckel gibt es mit Lüftungslöchern für Schmutzwasser und ohne Lüftungslöcher für Regenwasser.

Der Gullydeckel stammen von der Firma Kasi aus Tschechien.

Fundort: 16540 Hohen Neuendorf, Oranienburger Straße 2, Platz vor dem Rathaus

Kyritz

Stadt im Landkreis Ostprignitz-Ruppin

Anlässlich des Abschlusses der Altstadtsanierung 2000 wurde neue Deckel auf dem Marktplatz eingebracht. Sie zeigen das Wappen in folgender Gestaltung:
„In Silber eine rote Stadtmauer mit geschlossenem Tor und vier spitzbedachten, goldbeknauften Türmen mit offenen Fenstern; belegt mit einem grünen Schild mit goldener Lilie" [5]). Das Wappen wurde am 6. Juli 2005 genehmigt.

Fundort: 16866 Kyritz, Marktplatz

Luckenwalde

(niedersorbisch: Łukowc)

Kreisstadt des Landkreises Teltow-Fläming

Der Gullydeckel lässt sich nur an Hand des Wappens mit dem Schwan und den markanten schräggekreuzten Krummstäben der Stadt Luckenwalde zu ordnen.

Fundort: 14943 Luckenwalde, Markt, direkt vor der Apotheke

Nauen

Stadt im Landkreis Havelland

Das Wappen wird wie folgt beschrieben: „In Silber ein schrägrechtsgestellter blauer Karpfen."[6]) Es wurde am 7. Januar 1994 genehmigt. Der Gullydeckel trägt das alte Wappen in der Form von 1888 mit dreizinniger Mauerkrone für eine Kleinstadt und Schildhalter. Die im frühen 20. Jahrhundert geleistete Pionierarbeit in der Funktechnik trug Nauen den Beinamen „Funkstadt" ein.

Fundort: 14641 Nauen, Mittelstraße

Neuenhagen bei Berlin

Amtsfreie Gemeinde im Landkreis Märkisch-Oderland

Der Gullydeckel zeigt das am 21. November 1991 genehmigt Wappen. Es zeigt: „In silbernem Schild ein rotes Gebäude (Rathaus) mit mehrstöckigem Mittelturm, begleitet von zwei silbernen Schildchen, darin rechts eine schwarze Glocke, links eine grüne Zwiebel."[6]) Das Gebäude ist das Rathaus von Neuenhagen. Die zwei Wappenschilde symbolisieren die zwei früheren Ortsteile.

Fundort: 15366 Neuenhagen, Am Rathaus 1

Neuruppin

Kreisstadt des Landkreises Ostprignitz-Ruppin

Die Gullydeckel tragen das Wappen der Stadt. Es zeigt: „In Blau eine silberne Burg mit zwei gezinnten, zweigeschossigen Türmen mit zwei übereinander liegenden schwarzen Toren und gold-beknaupten, roten Spitzdächern; der Mittelbau mit drei Türmchen und einem schwarzen Tor, das von einem roten Dreieckschild, belegt mit einem gold-bewehrten und gold-gezungten silbernen Adler, überdeckt wird." [7])

Neuruppin

Neuruppin

Kreisstadt des Landkreises Ostprignitz-Ruppin

Zum Gedenken an den hier geborenen Dichter Theodor Fontane trägt die Stadt den Beinamen *Fontanestadt*.

Die Gullydeckel tragen je nach Verwendung im Kanalisationssystem die zusätzliche Inschrift "Schmutzwasser" oder "Regenwasser".

Fundort: 16816 Neuruppin, Karl-Marx-Straße

Neuruppin

Kreisstadt des Landkreises Ostprignitz-Ruppin

Die Gullydeckel der Stadt stammen in den meisten Fällen noch von der Firma Buderus, die 2012 an die Firma Meierguss verkauft wurde.

Im Rahmen der Erneuerung der Abdeckungen werden jetzt Deckel mit der Firma Meierguss verwendet. Hier eine Regenwasserkanalabdeckung ohne Lüftungslöcher.

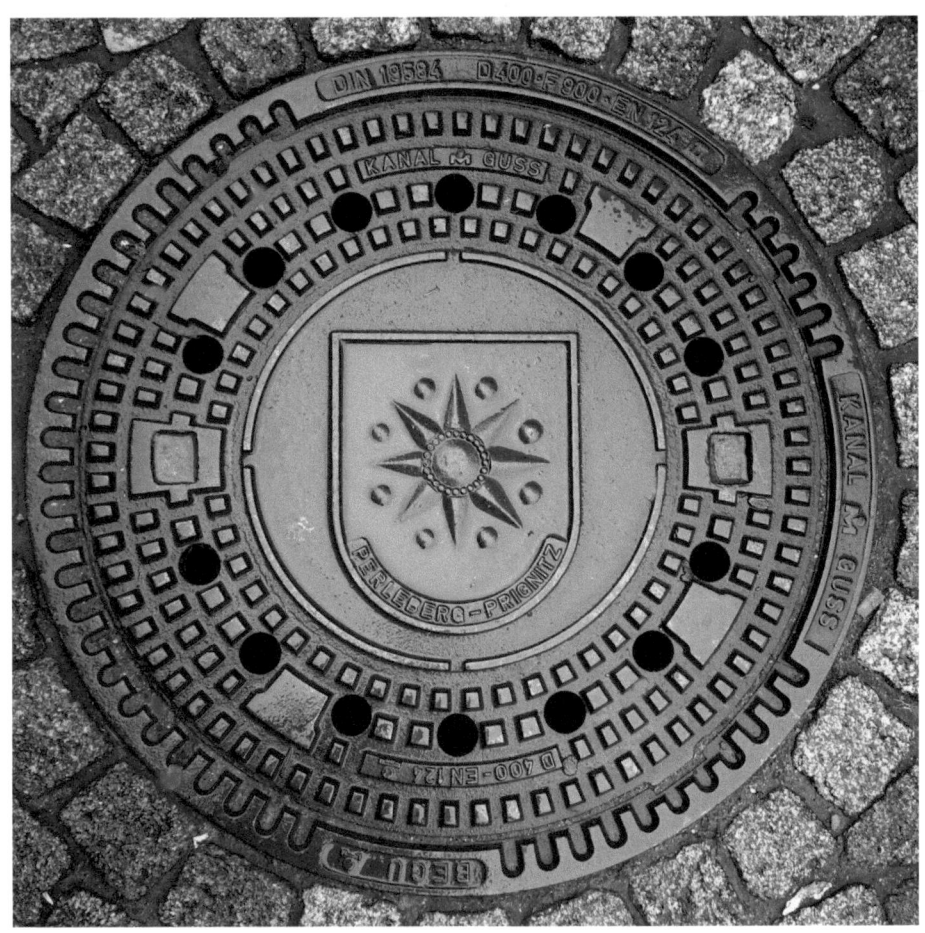

Perleberg

Kreisstadt des Landkreises Prignitz

Der Gullydeckel trägt in der Mitte das Wappen der Stadt Perleberg. Im Zentrum des Perleberger Wappens befindet sich ein achtstrahliger goldener Stern vor blauem Hintergrund. Bewinkelt werden die Strahlen von acht silbernen Perlen. Im Inneren des Sterns ist eine goldperlengefasste große silberne Innenperle.

Seit 2016 trägt Perleberg den nichtamtlichen Namenszusatz *Rolandstadt*.

Fundort: 19348 Perleberg, Bäckerstraße

Potsdam

Potsdam

Landeshauptstadt / Kreisfreie Stadt
Universitätsstadt

Die Stadt ist bekannt für ihr Vermächtnis als ehemalige Residenzstadt der Könige von Preußen mit den zahlreichen und einzigartigen Schloss- und Parkanlagen sowie der bedeutenden bürgerlichen Kernstadt. Im Schloss Cecilienhof fand die Konferenz der Siegermächte des 2. Weltkriegs statt, bei der mit dem Potsdamer Abkommen die Teilung Deutschlands beschlossen wurde.
Fundort: 14467 Potsdam, Heilig-Geist-Straße/Kleine Fischerstraße

Prenzlau

Prenzlau
(niederdeutsch: Prentzlow)
Kreisstadt des Landkreises Uckermark

Der Gullydeckel wurde anlässlich der 775-Jahr-Feier durch die Stadtwerke initiiert. Er trägt u. a. das Stadtwappen in „Von Silber und Rot geteilt, oben ein gold-bewehrter roter Adler mit einem goldenen, über den Kopf gestülpten Spangenhelm, darauf ein roter Flug, unten ein auf blauen Wellen schwimmender silberner Schwan." [8]

Fundort: 17291 Prenzlau, Friedrichstraße

Schlieben

(niedersorbisch: Sliwin)

Stadt im Landkreises Elbe-Elster

Im Zentrum des Gullydeckels steht das Wappen der Stadt. Es zeigt einen auf schwarzem Untergrund hersehenden, silbernen Stierkopf mit goldenem Nasenring, beiderseits von einem Stern begleitet. Schlieben ist die älteste Stadt im Landkreis Elbe-Elster und blickt auf eine über 1000-jährige Geschichte zurück.

Fundorte: 04936 Schlieben, Ritterstraße, Am Markt, Herrenstraße

Schlieben
(niedersorbisch: Sliwin)

Stadt im Landkreises Elbe-Elster

Wie in vielen anderen Fällen gibt es auch in der Stadt Schlieben für die Gullydeckel zwei Ausführungen. Man kann unterscheiden zwischen den Gullydeckeln für den Schmutzwasserkanal mit Lüftungslöcher (vorige Seite) und den Deckeln für den Regenwasserkanal ohne Lüftungslöcher (siehe oben).

Spremberg

Spremberg
(niedersorbisch: Grodk)

Stadt im Landkreis Spree-Neiße

Seit dem 8. August 2013 trägt die Stadt die offizielle Zusatzbezeichnung „Perle der Lausitz – parlicka Łužyce". Das Wappen wurde am 11./17. August 2004 genehmigt. Die Zinnentürme im Wappen deuten auf Wachtürme hin, was für eine im Mittelalter typische Stadtmauer mit Stadttoren spricht.

Fundort: 03130 Spremberg, Am Markt

Strausberg

Strausberg
amtsfreie Stadt im Landkreis Märkisch-Oderland

Es wird vermutet, dass die Form des Straussees zur Namensgebung der Stadt und zur Wahl als Wappentier beigetragen hat. Der am alten Stadtkern angrenzende See hat die längliche, schmale Form einer Bohne. Den Gullydeckel ziert das Wappen der Stadt: „In Blau über grünem Dreiberg ein nach links gewendeter, widersehender, golden bewehrter silberner Strauß, über dessen Rücken ein silberner, mit einem golden bewehrten roten Adler belegter Schild schwebt."[13])

Fundort: 15344 Strausberg, Am Markt

Teupitz

Teupitz
(niedersorbisch: Tupc)
Stadt im Landkreises Dahme-Spreewald

Der Gullydeckel zeigt in der Mitte das Wappen der Stadt „In Silber über grünem Wellenschildfuß ein blauer Karpfen, darüber schwebend ein schwarzes Tatzenhochkreuz, begleitet von zwei schräg nach außen gewendeten, grüngestielten natürlichen Wasserlilien mit goldenen Blüten."[14]) Das Wappen wurde durch das Land Brandenburg am 23. November 2009 genehmigt.

Fundorte: 15755 Teupitz, Markt und Kirchstraße 4

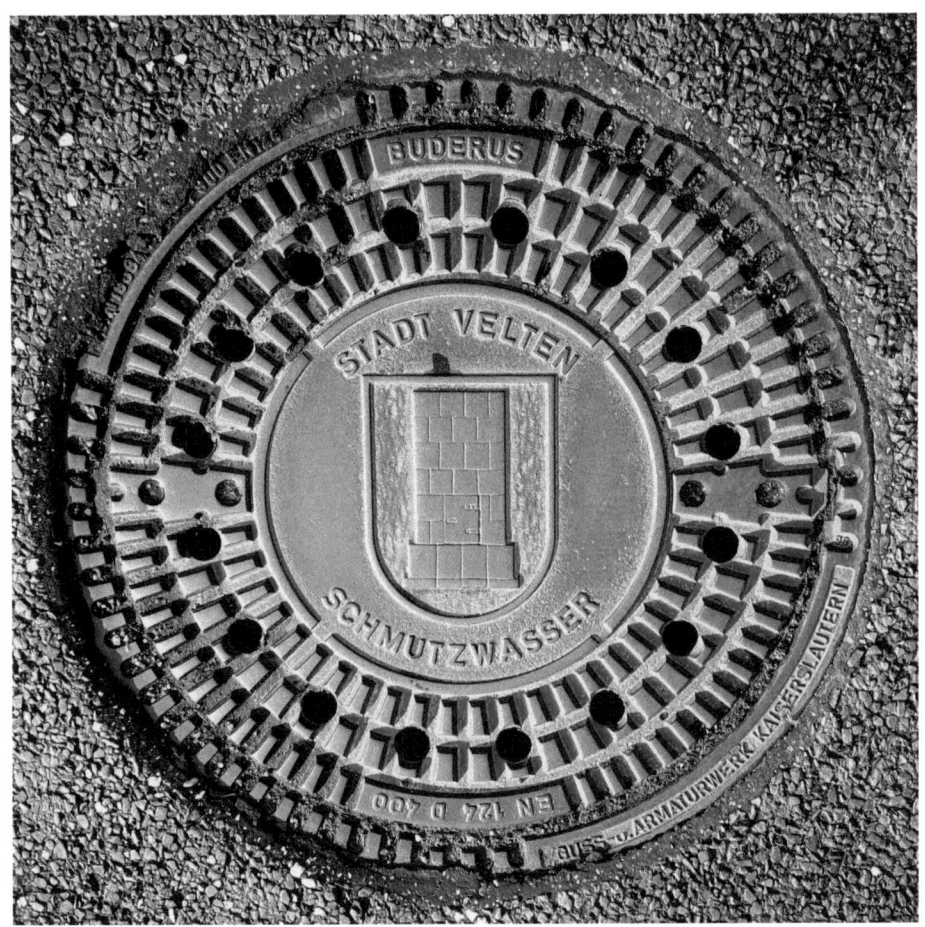

Velten

Stadt im Landkreis Oberhavel

Den Gullydeckel ziert das Wappen der Stadt Velten. Es besteht aus einem grünen Kachelofen auf silbernem Grund. Das Wappen dokumentiert die Geschichte der Veltener Ofen- und Kachelindustrie.
Bei der Abdeckung handelt es sich um eine für einen Schmutzwasserkanal. Spezielle Abdeckungen für Regenwasserkanäle sind nicht bekannt.

Fundort: 16727 Velten, Rathausstraße

Werder (Havel)

Werder (Havel)
Stadt im Landkreis Potsdam-Mittelmark

Der Gullydeckel trägt ausschließlich ein Wappen, nach dem man einen Ort zuordnen kann. Es handelt sich um ein Einzelstück. "Das Wappen der Stadt Werder (Havel) zeigt einen Schild, gespalten, Silber, vorn ein goldbewehrter roter halber Adler am Spalt, hinten drei grüne Kleeblätter pfahlweise. Der Schild deckt eine dreitürmige, sandsteinfarbige Mauerkrone. Die Form des Schildes ist nach spätgotischem Muster rechteckig und unten abgerundet."[9])

Fundort: 14542 Werder an der Havel, Unter den Linden 10

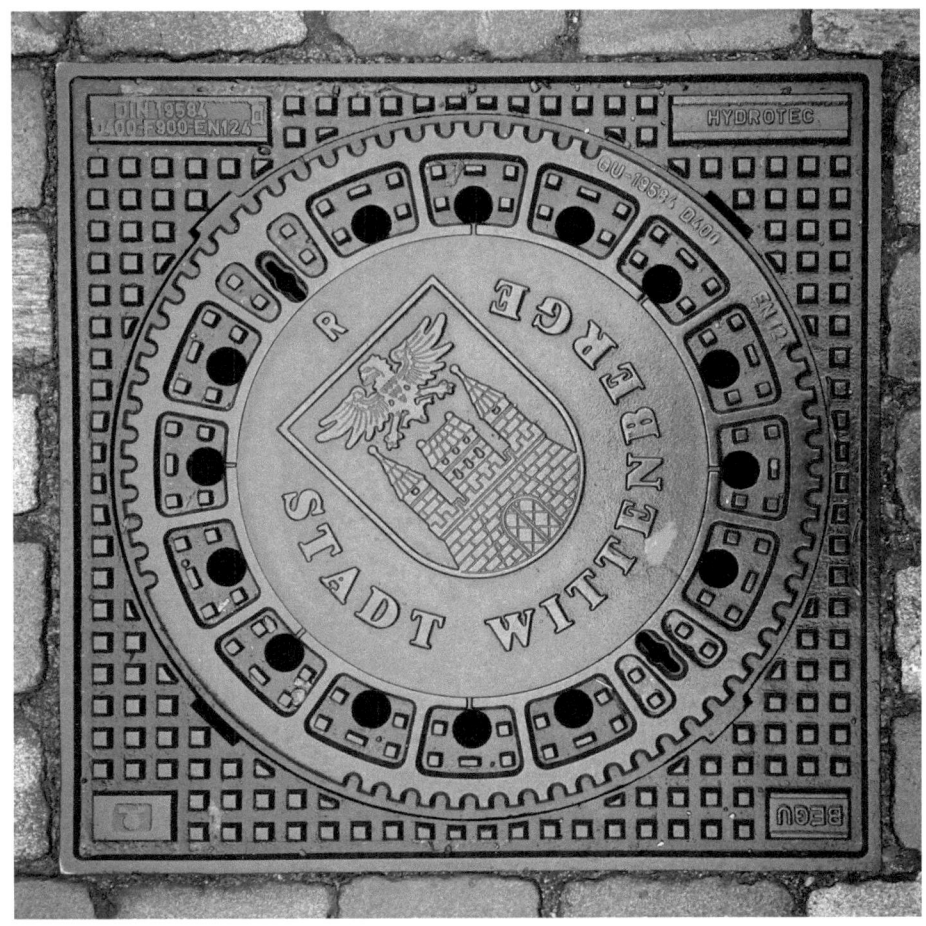

Wittenberge

amtsfreie Stadt im Landkreis Prignitz

Im Mittelpunkt der Gullydeckel steht das Wappen der Stadt Wittenberge, das wie folgt beschrieben wird: „In Silber eine dreitürmige rote Burg mit abgeschrägtem Mauerwerk und geschlossenem goldenen Tor; über dem breiten niedrigen Mittelturm schwebend ein goldbewehrter roter Adler mit goldenen Brustspangen." [15])

Wittenberge

Wittenberge

amtsfreie Stadt im Landkreis Prignitz

Wittenberge ist der bevölkerungsreichste Ort in der Prignitz. Er entwickelte sich während der Industrialisierung vor allem mit dem Eisenbahnreparatur- und Nähmaschinenwerk.

Die Gully-Deckel unterscheiden sich oberhalb des Wappens in Abdeckungen für Regenwasser- **(R)** und Schmutzwasserkanäle **(S)**.

Fundorte: 19322 Wittenberge, Wilhelmstraße/Bismarckplatz

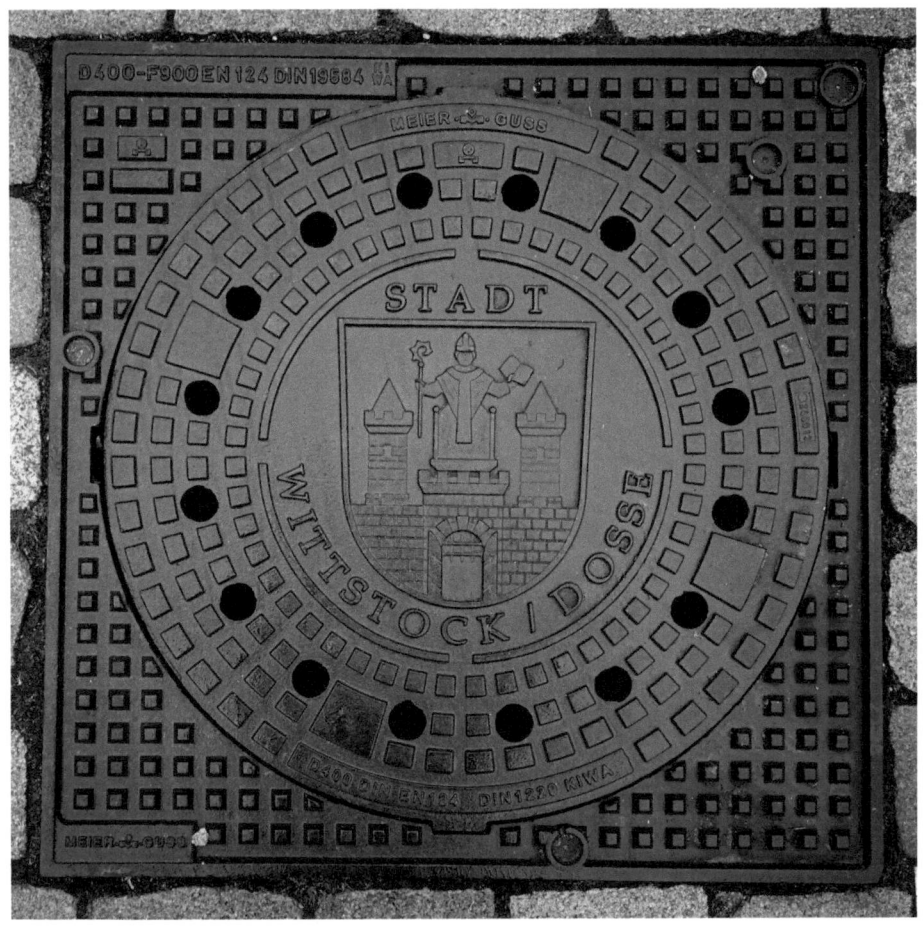

Wittstock/Dosse
Stadt im Landkreis Ostprignitz-Ruppin

Das Wappen im Gullydeckel wird zu folgt beschrieben:„In Silber eine rote gequaderte und ge-
zinnte Burg mit zwei goldenen spitzbedachten, mit je einem schwarzen Fenster versehenen,
Spitztürmen und einem niedrigen Torturm mit geöffnetem schwarzen Tor, mit goldenem auf-
gezogenen Fallgatter und goldenen Torflügeln. Über den Zinnen des Torturmes thront ein rot-
gekleideter Bischof, der in seinen ausgebreiteten Armen rechts einen goldenen Bischofsstab
und links ein aufgeschlagenes Buch hält". [10] Es wurde am 8. August 1995 genehmigt.

Fundorte: 16909 Wittstock/Dosse, Marienstraße Höhe Markt und Markt 1

Wusterhausen/Dosse

amtsfreie Gemeinde im Landkreis Ostprignitz-Ruppin

Der Gullydeckel trägt das Wappen der Gemeinde, welches wie folgt beschrieben wird: „Gespalten von Rot und Silber; vorn ein halber silberner Adler am Spalt und hinten eine halbe rote Lilie." [11]) Es wurde am 2. Dezember 2005 bestätigt.

Wusterhausen erhielt 1233 das Stadtrecht verliehen und hat den Status einer Titularstadt bis heute beibehalten.

Fundort: 16868 Wusterhausen, Bahnhofstraße/Am Markt

Zehdenick

Amtsfreie Stadt im Landkreis Oberhavel

Viele Gullydeckel in Zehdenick zieren das Wappen in der Form „Gespalten von Silber und Rot; vorn am Spalt ein halber roter Adler mit Kleestengel und Bewehrung in Gold, hinten am Spalt eine halbe silberne Lilie."[12]) Das neugestaltete Wappen wurde am 16. Juli 1993 genehmigt. Die Jahreszahl 1217 weist auf die erste urkundliche Erwähnung hin. Seit dem 31. Juli 2013 führt die Stadt die Zusatzbezeichnung „Havelstadt".

Fundort: 16792 Zehdenick, Clara-Zetkin-Straße

3

Abwasserzweckverbände

Ein Abwasserzweckverband ist nach deutschem Landesrecht ein Zusammenschluss von Gemeinden zu einem Zweckverband, der diesen die zum Bereich der kommunalen Selbstverwaltung zählende Aufgabe der Abwasserentsorgung abnimmt. Die gemeinsame Organisation dieser Aufgabe kann unter anderem notwendig sein, um die angemessene Auslastung eines Klärwerks zu erreichen. Aufgaben des Verbandes sind in der Regel die Abwasserreinigung und die Regenwasserentsorgung.

Für die Kanalabdeckung werden meist Standarddeckel der Marktanbieter verwendet, bei denen zum Teil in die Betonfüllung entsprechende Hinweistafeln auf den Verband gegossen werden, aber auch Schmuckdeckel mit dem eigenen Logo sind bei den brandenburgischen Zweckverbänden vorzufinden.

Gubener Wasser- und Abwasser- zweckverband (GWAZ)

Der Abwasserzweckverband wurde am 18. April 1991 gegründet.

Mitglieder des Zweckverbandes sind die Städte Guben, Friedland und Lieberose sowie die Gemeinden Schenkendöbern, Jänschwalde, Neißemündung, Neuzelle, Schwielochsee, Tauche, Grunow-Dammendorf und Jamlitz.

Fundort: 03172 Guben, Frankfurter Straße zwischen Lohmühlenweg und Wassergasse

Gubener Wasser- und Abwasserzweckverband

Gubener Wasser- und Abwasser- zweckverband (GWAZ)

Zur Kennzeichnung und Abgrenzung ihrer Gullydeckel von denen der kommunalen Regenwasserkanalabdeckungen verwenden viele Abwasserverbände Tafeln, die in den Betonfüllungen der Deckel eingelassen sind.

Über die Zeit werden oft verschiedene Formen und Größen der Tafeln verwendet. Hier als Beispiele GWAZ: groß 100x150 mm (linke Seite) und klein 60x90 mm.

Herzberger Wasser- und Abwasser-Zweckverband (HWAZ)

Der Zweckverband wurde am 22. April 1993 gegründet .

Mitglieder des Zweckverbandes sind die Städte Herzberg (Elster), Falkenberg (Elster), Uebigau-Wahrenbrück (für Ortsteile) und Schönewalde sowie die Gemeinden Fichtwald, Hohenbucko, Kremitzaue (für den Ortsteil Polzen), Lebusa, Schlieben für den Ortsteil Werchau und die Stadt Dahme/Mark für den Ortsteil Schöna-Kolpie.

Fundort: 04895 Falkenberg/Elster, Karlstraße 10

Wasser- und Abwasserverband Elsterwerda

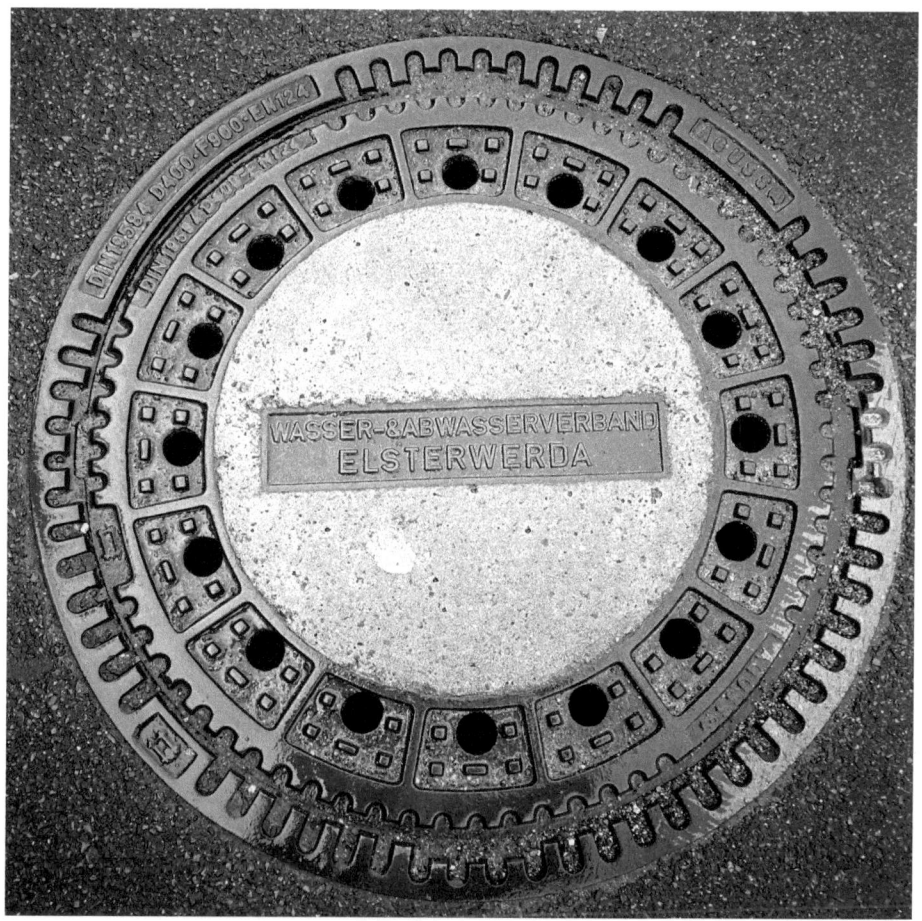

Wasser- und Abwasserverband Elsterwerda

Der Zweckverband wurde am 22. April 1993 gegründet.

Die Städte Bad Liebenwerda und Elsterwerda sowie die Gemeinden Hohenleipisch, Plessa und Röderland sind Mitglieder des Verbandes.

Fundort: 04910 Elsterwerda, Am Bahnhof/Straße an der Eisenbahn

Trink- und Abwasserverband
Lindow-Gransee (TAV)

Mitglieder des Zweckverbandes sind die Städte Gransee, Zehdenick und Rheinsberg sowie die Ämter Gransee und Lindow mit den Gemeinden Großwoltersdorf, Schönermark, Sonnenberg, Stechlin, Vielitzsee und Herzberg.

Der Gully-Deckel wird auf Schmutzwasserkanälen verwendet. Für Regenwasserkanäle wurden durch den TAV bzw. Stadt keine besonderen Deckel angeschafft.

Fundort: 16792 Gransee, Kirchgasse

Trink- und Abwasserverband Lindow-Gransee

Trink- und Abwasserverband
Lindow-Gransee (TAV)

Die Mehrzahl der Abdeckungen für die Schmutzwasserkanäle im Abwasserverband stammen von der Firma Buderus, die schrittweise seit 2003 ihren Betrieb einstellte und 2012 endgültig an die Firma Meierguss verkauft wurde.

Im Ort Meseberg stammen die Gullydeckel von der Firma AGUSS.

Fundort: 16775 Meseberg, Dorfstraße vor dem Schloß

Trink- und Abwasserverband Glien

Trink- und Abwasserzweckverband Glien

Die Gemeinden Schönwalde-Glien mit den Ortsteilen Grünefeld, Paaren im Glien, Pausin, Perwenitz, Schönwalde–Dorf, Schönwalde–Siedlung und Wansdorf im Landkreis Havelland und die Gemeinde Oberkrämer Ortsteil Bötzow im Landkreis Oberhavel gehören zum Trink- und Abwasserzweckverband Glien. Die Osthavelländische Trinkwasserversorgung und Abwasserbehandlung GmbH (OWA) hat die Betriebsführung für den Zweckverband Glien übernommen. Auf dem Gully-Deckel sind die Wappen der Mitgliedsgemeinden zu sehen.

Fundort: 14621 Schönwalde-Glien, Perwenitz vor der Grundschule

WAS Scharmützelsee

Wasser- und Abwasserzweckverband „Scharmützelsee-Storkow/Mark" (WAS)

Der Gully-Deckel wurde durch den Zweckverband für den Ort Bad Saarow angefertigt. Interessant ist auch der Hersteller „Betonwerk Beeskow".

Mitglieder des Zweckverbandes sind im Landkreis Oder-Spree die Stadt Storkow und die Gemeinden Bad Saarow, Diensdorf Radlow, Reichenwalde, Rietz-Neuendorf, Spreenhagen, Tauche und Wendisch Rietz sowie im Landkreis Dahme-Spreewald die Gemeinde Heidesee.

Fundort: 15526 Bad Saarow, Seestraße

4 Historische Gullydeckel

Wann gilt ein Gullydeckel als historisch? In den 1920er Jahren wurde deren Lebensdauer mit 5 bis 20 Jahren angesetzt; in weniger befahrenen Straßen etwas länger. Heute wissen wir, dass Gullydeckel gerne auch mal 100 und mehr Jahre halten. Durch den zunehmenden Verkehr sind dies jedoch eher wenige Stücke, und der Austausch findet heute wieder je nach Verschleiß schneller statt.

In diesem Abschnitt werden Gullydeckel vorgestellt, die im Land Brandenburg unabhängig vom Ort der Gießerei zu finden sind und schon mehr als 75 Jahre Verwendungszeit haben. Sicher sind auch Gullydeckel aus DDR-Zeiten durchaus schon historisch. Dazu soll es in einem späteren Band eine Übersicht geben.

Genaue Daten (z. B. Jahreszahlen) wie bei den Deckeln der Firma Mertens sind leider selten.

Canalisation E. Merten
1905

Der Gullydeckel wurde von der „Allgemeinen Bau-Gesellschaft für Wasserversorgung und Kanalisierung Erich Merten & Co. G.m.b.H. zu Berlin" hergestellt und in der Altstadt von Cottbus verwendet.

Der Deckel weist vier Löcher zum Anheben auf. Lüftungslöcher gibt es nicht.

Cottbus

Kanalisation von Cottbus
1897

Der Typ der Gullydeckel kommt in Cottbus im Stadtgebiet mit den vielfältigsten Jahreszahlen vor. Bisher sind (neben solchen mit unvollständiger oder entfernter Jahreszahl) Deckel mit folgenden Datierungen bekannt: 1897, 1898, 1899, 1900, 1903, 1905, 1907, 1909, 1911, 1913, 1914, 1915, 1927,1928, 1934, 1936 und 1960.

Der Deckel hat 32 Lüftungslöcher (viermal 6 Löcher und zweimal 4 Löcher).

Fundorte: u.a. 03046 Cottbus, Bautzener Straße, 03042 Cottbus, Gubener Straße

H. Hoffmann Prenzlau

seit 1856 Eisengießerei und Maschinenbauanstalt

Es handelt sich hier um einen Klapp-Gullydeckel, der mit zwei Schrauben fixiert wird.

Mehrere Exemplare befinden sich auch nach der Neupflasterung der Straßen in der Altstadt von Prenzlau, u. a. an der Stadtmauer.

Fundort: 17291 Prenzlau, Am Steintor

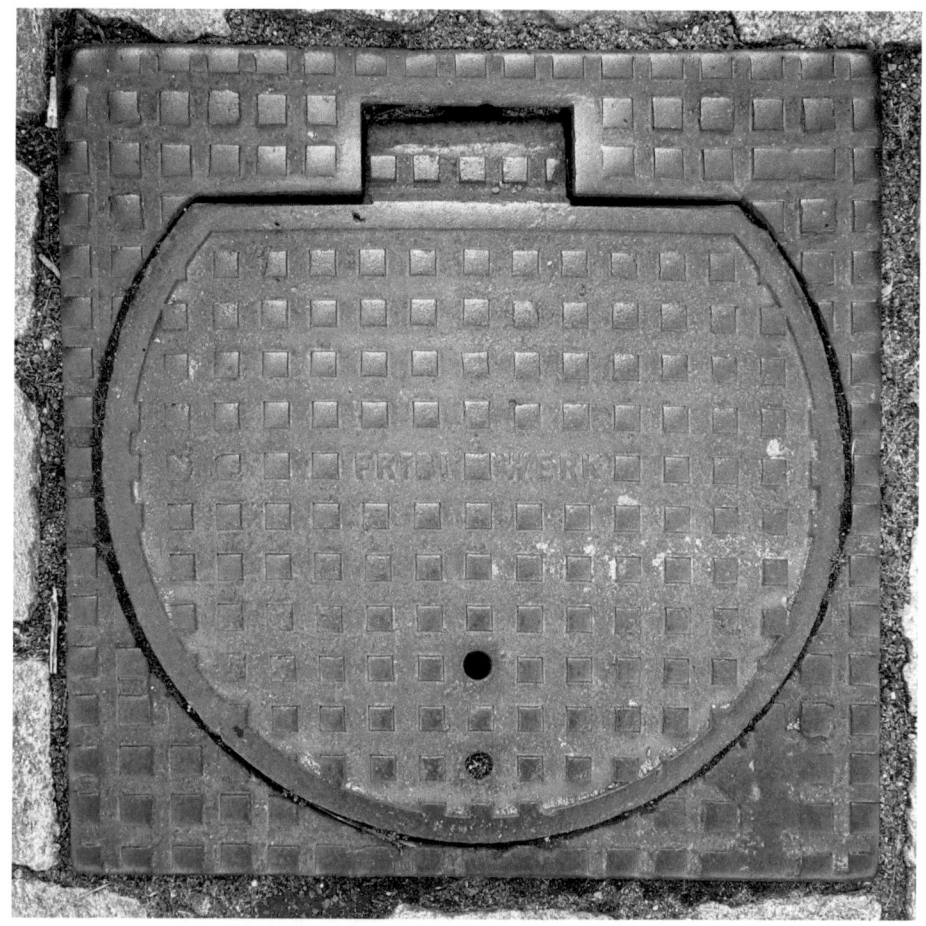

Fribi-Werk Fritz Bischoff & Co. Prenzlau

später Eisenwerk in der Franz-Wienholz-Straße

Es handelt sich hier um einen Klapp-Gullydeckel, der mit einer Schraube fixiert ist.

Ein Exemplar befindet sich auch nach der Neupflasterung der Straßen in der Altstadt von Prenzlau an der Stadtmauer am Uckerwiek.

Fundort: 17291 Prenzlau, Uckerwieck

Zementbau G.M.B.H. Rathenow

Das **R** in der Mitte des
Deckels steht für eine
Schachtabdeckung für
einen Regenwasserkanal.

Das **S** in der Mitte des
Gullydeckels steht für eine
Schachtabdeckung für
einen Schmutzwasser-
kanal.

Die Deckelform existiert in
der Stadt Rathenow auch
ohne Herstellerangabe
sowie ohne **R** und **S** für
die Entsorgungsart.

Fundort: 14712 Rathenow, Hans-von-Rosenberg-Straße

Senftenberg

Niederlausitzer Wasserwerksgesellschaft mbH
Senftenberg
seit 1912 bis 1950

1950 – 1952	Wasserversorgungsverband Lausitz
1952 – 1958	Wasserwirtschaft Obere Elbe, Betriebsstelle Lausitz
1958 – 1964	Fernwasserversorgung Lausitz
1965 – 1990	Wasser- und Abwasserbehandlung Cottbus (VEB WAB), Versorgungsbereich Senftenberg
1990 – 1992	Cottbuser Wasser AG (CoWAG), Betriebsdirektion Senftenberg
Ab Oktober 1992	Wasserverband Lausitz (WAL)

C. Wulff Wriezen
Eisengießerei, Kesselschmiede und Maschinenfabrik
am Berliner Berg

Das **R** in der Mitte des Deckels steht für eine Schachtabdeckung für einen Regenwasserkanal.

Fundort: 16269 Wriezen, Freienwalder Straße 50

Die Deckel sind mit meist mit zwei Schrauben befestigt.

Das **S** in der Mitte des Gullydeckels steht für eine Schachtabdeckung für einen Schmutzwasser-kanal.

Fundort: 16269 Wriezen, Wilhelmstraße/Markt

5

Gullydeckel aus
Brandenburger Gießereien

Heute kommen die allermeisten Gullydeckel von den großen Markt-führern in standardisierter Form. Ausnahmen bilden hier lediglich kleine Firmen, die sich auf Schmuck-Gullydeckel spezialisiert haben.

Bis Anfang der 90er Jahre des 20. Jahrhunderts gab es auch in Bran-denburg Gießereien, die in unterschiedlicher Stückzahl Gullydeckel für die Alltagsversorgung herstellten.

Die verschiedenen Gießereien und Formen der Gullydeckel sollen in diesem Abschnitt vorgestellt werden.

Selbst wenn die Formen in vielen Fällen gleich sind, so sind die Inschriften zu den Gießereien durchaus interessant.

Eisengießerei Eberswalde

Die Gießerei gehörte zur Firma BUDDE & GOEHDE G.M.B.H. aus Berlin. Die zusätzliche Angabe des Ortes EBERSWALDE deutet auf die Gießerei hin.

Fundort: 14476 Brandenburg an der Havel, Bauhofstraße 47

Eisengießerei Eberswalde

Die Gießerei gehörte zur Firma BUDDE & GOEHDE Berlin S. Das Signet ▣▣ in der Mitte des Sterns deutet auf die Eisengießerei Eberswalde hin.

Fundort: 14470 Brandenburg an der Havel, Fouquestraße 2

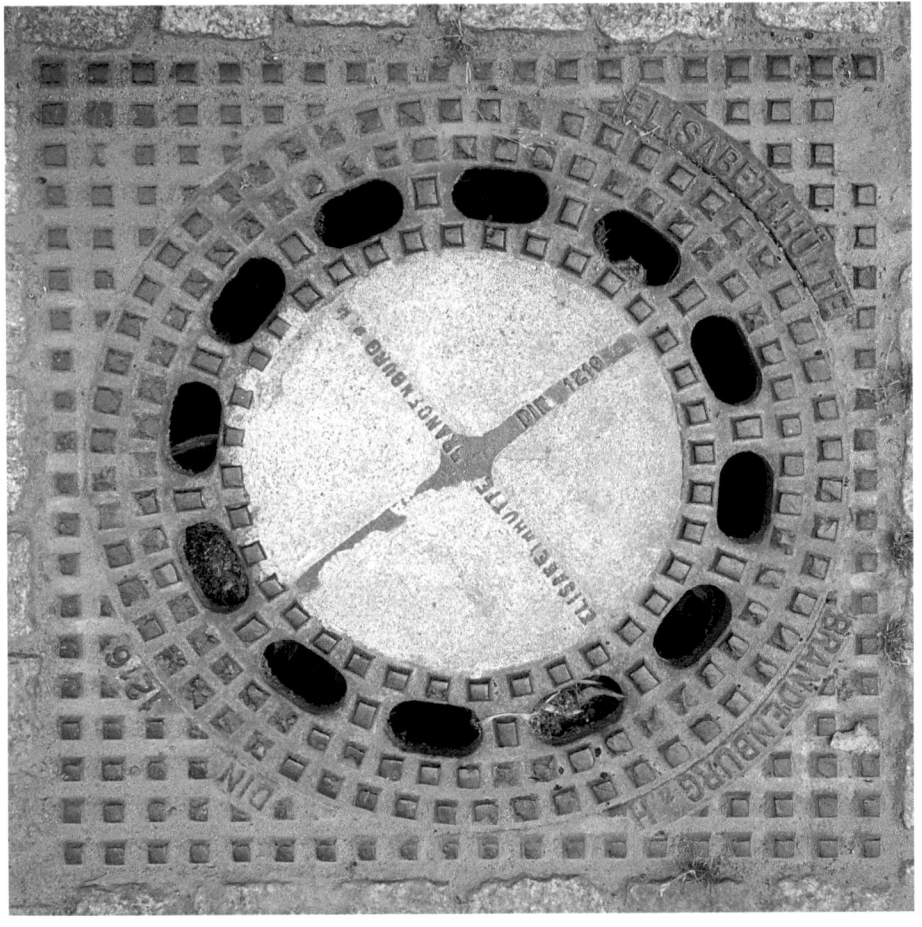

Elisabethhütte Brandenburg an der Havel

Die Hütte wurde 1874 von Julius Krüger errichtet. Er ging 1930
Konkurs. Nach dem zweiten Weltkrieg wurde der Betrieb wieder
aufgebaut.
Die Elisabethhütte wurde 1994 endgültig geschlossen.

Fundort: 14776 Brandenburg an der Havel, Dominsel

Elisabethhütte Brandenburg an der Havel

Fundort:
14770 Brandenburg an der
Havel, Einsteinstraße

Fundort:
14770 Brandenburg an der
Havel, Fouquestraße

Albert Gutmann – Frankfurt an der Oder

Eisengießerei, Maschinenfabrik und Kesselschmiede
gegründet 1854; Sitz Dammvorstadt, heute Slubice

Fundort: 15230 Frankfurt/Oder, Marktplatz/Carl-Philipp-Emanuel-Bach-Straße

VEB Eisenwerk Guben

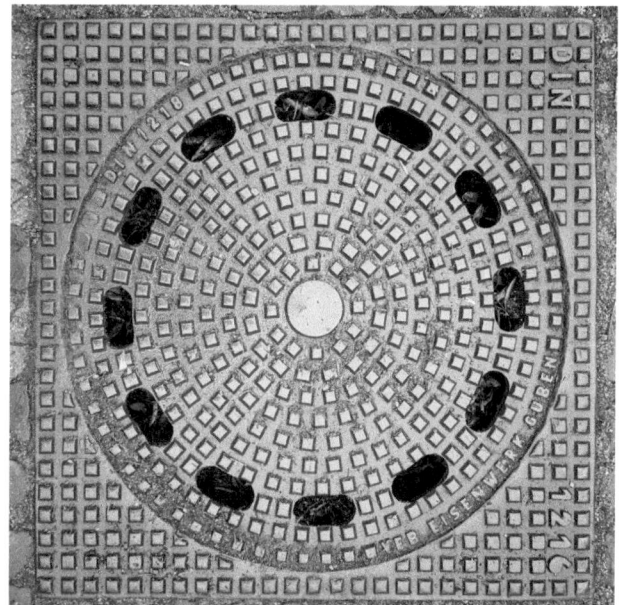

Gullydeckel bis 1955
Rahmen DIN 1216
Deckel DIN 1218

Fundort:
Strausberg, Fontanestraße

Gullydeckel ab 1955
Einführung der TGL

Fundort:
15890 Eisenhüttenstadt,
Lindenallee

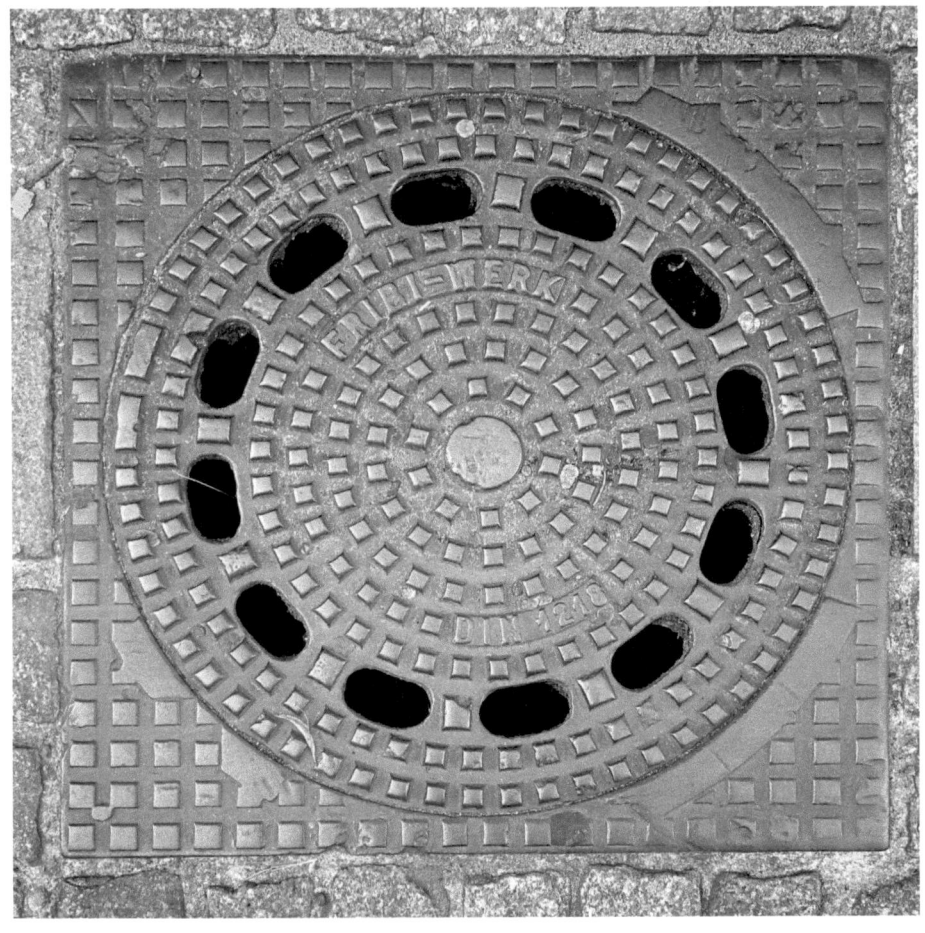

Fribi-Werk Fritz Bischoff & Co. Prenzlau

später: Eisenwerk in der Franz-Wienholz-Straße

Klassischer Gullydeckel mit Quadraten und 12 Lüftungsschlitzen nach DIN 1218

Die Firma wurde im Zeitraum 3. Juni 1946 bis 3. Mai 1947 demontiert.

Fundstelle: Dominsel in Brandenburg an der Havel

H. Hoffmann Prenzlau

gegründet 1856 als Eisengießerei und Maschinenbauanstalt Hoffmann

Sie bestand bis Mai 1948 fort, wurde im Zuge der Zusammenlegung von eisenverarbeitenden Betrieben verstaatlicht (Befehl der SMAD vom 23. April 1948) und zum VEB Eisenwerk.

Fundort: 12557 Berlin, Lienhardtweg

H. Hoffmann Prenzlau

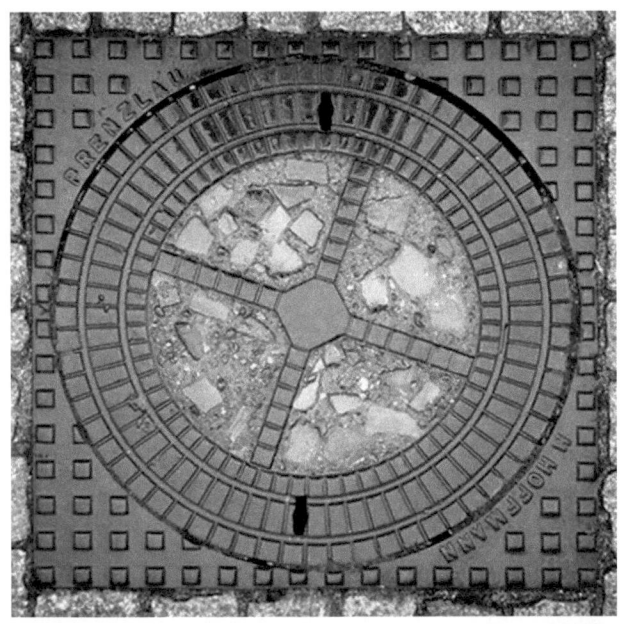

Maschinenfabrik & Eisengießerei Senftenberg

Maschinenfabrik & Eisengießerei Senftenberg N-L

später: Niederlausitzer Eisenwerk Senftenberg
bzw. VEB Eisenwerk Senftenberg

Fundort: 01968 Senftenberg, Am Eisenwerk 5a

Zwei Varianten von
Gullydeckeln der o.g.
Firma

Fundort Variante 1:

01968 Senftenberg,
Lindenstraße 35

Fundort Variante 2:

03130 Spremberg
Am Berghang

6

Schmuck-Gullydeckel

Als Schmuck-Gullydeckel werden hier Gullydeckel verstanden, die als Einzelstücke zu einem besonderen Anlass angefertigt worden und nicht für den alltäglichen Gebrauch vorgesehen sind.

In diese Reihe könnte man auch die Gullydeckel aus Luckenwalde und Werder (Abschnitt 2) zählen, da diese auch nur als Einzelstücke angefertigt wurden. Ein besonderer Anlass war hier jedoch nicht gegeben.

750 Jahre Frankfurt (Oder)

750 Jahre Frankfurt (Oder)
10 Jahre FWA
Frankfurter Wasser- und Abwassergesellschaft mbH

Der Gully-Deckel wurde als Einzelexemplar gefertigt und anlässlich der „750-Jahr-Feier" 2003 neben dem Rathaus angebracht. Er zeigt neben der Inschrift das Wappen der Stadt Frankfurt/Oder und das Logo der Frankfurter Wasser- und Abwassergesellschaft mbH.

Fundort: 15230 Frankfurt/Oder, Rückseite des Frankfurter Rathauses, Marktplatz

750-Jahr-Feier Fürstenberg (Oder) 2005

TAZV Oderaue

Der Trinkwasser- und Abwasserzweckverband Oderaue (TAZV) initiierte anlässlich der 750-Jahr-Feier von Fürstenberg (Oder) einen Schmuckdeckel, der auf dem Platz vor dem ehemaligen Rathaus von Fürstenberg eingebracht wurde. Er zeigt ein stilisiertes Stadtwappen (Löwe) zwischen zwei Türmen über einer Stadtmauer.

Fürstenberg (Oder) ist seit 13. November 1961 ein Stadtteil von Eisenhüttenstadt.

Fundort: 15890 Eisenhüttenstadt, Markt/Königstraße

Erholungsort Müllrose
1991 Bauzeit 1996
initiiert durch Frankfurter Wasser- und Abwassergesellschaft mbH

Der Schmuckdeckel (Einzelstück) zeigt neben der Inschrift das Logo der FWA und das Wappen der Stadt Müllrose. Dieses zeigt „In Silber ein gold-bewehrter roter Adler über einem aus dem unteren Schildrand wachsenden gold-bewehrten roten Hirsch." Müllrose (niedersorbisch *Miłoraz*) ist eine amtsangehörige Stadt im Landkreis Oder-Spree.
Fundort: 15299 Müllrose, Am Markt 10 - vor dem Lotto-Laden

Berlin-Ostkreuz
Regional- und S-Bahnhof

Als Startpunkt meiner Reiseempfehlungen zu den verschiedenen Brandenburger Orten mit interessanten Gullydeckeln habe ich für eine möglichst einheitliche Darstellung der Reiserouten den größten Berliner Regionalbahnhof gewählt. Gleichzeitig ist er auch der zweitgrößte Bahnhof in Berlin und der mit dem höchsten Verkehrsaufkommen im S-Bahn-Netz von Berlin.

Das Ostkreuz besteht aus sechs S-Bahnsteigen und ebenso vielen Regionalbahnsteigen, die sich auf einen unteren Bahnhofsbereich (acht Gleise) und einen oberen Bereich (Turmbahnsteige genannt) mit vier Gleisen verteilen.

Es verkehren von dort sieben S-Bahn-(S) sowie fünf Regionalbahn-(RB) und drei Regionalexpress-Linien(RE). Alle Regional- und Fernbahnhöfe der Stadt sind von hier ohne Umstieg zu erreichen. Also ein idealer Ausgangspunkt.

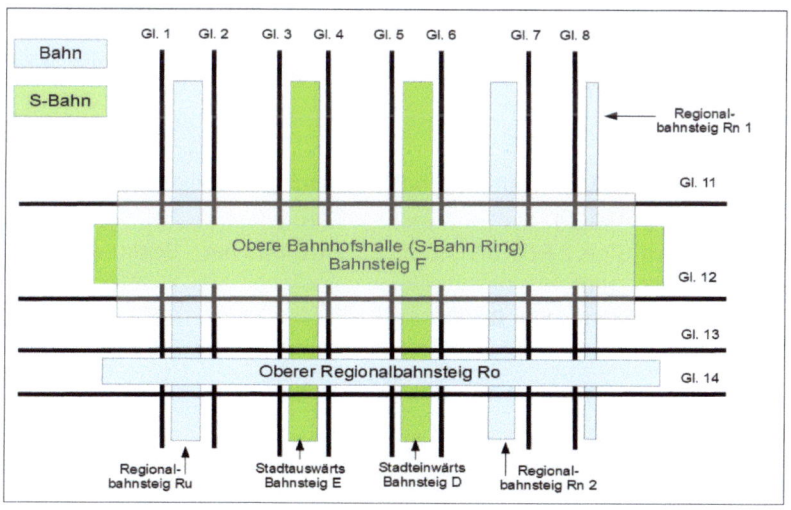

Reiseempfehlung

Ihre Reiseempfehlungen
ab dem Bahnhof Ostkreuz

Für die Orientierung vor Ort empfehle ich die entsprechenden Stadtpläne im Internet, insbesondere hilft in den allermeisten Fällen eine der folgenden Adressen.

https://www.unser-stadtplan.de/stadtplan/<ort>
oder
https://www.meinestadt.de/<ort>/stadtplan

In den nachfolgenden Reiseempfehlungen sind die Verkehrsmittel und ggf. Zwischenstopps mit interessanten Gullydeckeln **fett** ausgewiesen.

Bad Freienwalde
ab Ostkreuz Gleis 3 **S 5** Richtung Strausberg/Nord (alle 20 min – Minute 17) bis Strausberg/Nord, umsteigen in **Bus 887** (stündlich) *ggf. Zwischenstopp in Wriezen* bis Bad Freienwalde, Berliner Straße (Gesamtfahrzeit: 77 min)
Sehenswertes: Oderlandmuseum, Schloss Freienwalde und Walther-Rathenau-Gedenkstätte

Bad Saarow
ab Ostkreuz Gleis 1 **RE 1** bis Fürstenwalde/Oder (halbstündlich), umsteigen in Fürstenwalde in **RB 35** bis Bad Saarow Bf.(Gesamtfahrzeit: 65 min), Fußweg 5 min bis Seestraße
Sehenswertes: SaarowTherme

Beelitz
ab Ostkreuz Gleis 2 **RE 1** bis Wannsee (halbstündlich), umsteigen in **RB 33** Richtung Jüterbog bis Beelitz Stadt Bf.
alternativ: Ostkreuz Gleis 2 RE 7 bis Seddin Bf., **BUS 643** nach Beelitz (Mark) Bf., 200m Fußweg in die Stadt
Sehenswertes: Spargelmuseum Beelitz

Reiseempfehlung

Beeskow

ab Ostkreuz Gleis 13 **RB 24** bis Königs Wusterhausen, umsteigen in **RB 36** Richtung Frankfurt (Oder) bis Beeskow Bf.(Gesamtfahrzeit: 91 min), Fußweg in Richtung Stadt Bahnhofstraße/Berliner Straße (10 min)
alternativ: ab Ostkreuz **RE 1** Richtung Frankfurt (Oder) bis Fürstenwalde (Spree), umsteigen in **BUS 403** bis Landratsamt Beeskow (Gesamtfahrtzeit 83 min), 400m Fußweg bis zur Innenstadt.
Sehenswertes: Burg Beeskow

Brandenburg an der Havel

ab Ostkreuz Gleis 2 **RE 1** bis Brandenburg/Havel Hbf. (halbstündlich) (Gesamtfahrzeit: 64 min) weiter mit Straßenbahn bis Neustädtischer Markt
Sehenswertes: Dom St. Peter und Paul (mehrere verschiedene Gullydeckel), Stadtmuseum im Frey-Haus, Stadtmuseum im Steintor und die in der Stadt seit 2015 verteilten wilden Waldmöpse (Loirot)

Cottbus

ab Ostkreuz Gleis 1 **RE 2** bis Cottbus Hbf. (stündlich – Minute 51) (Gesamtfahrtzeit: 68 min), weiter mit Straßenbahn in die Innenstadt
Sehenswertes: Fürst Pückler-Museum Park & Schloss Branitz, Oberkirche St. Nikolai und Staatstheater

Elsterwerda

ab Ostkreuz Gleis 11 **S 41** bis Südkreuz, umsteigen in **RE 5** Richtung Elsterwerda ggf. Ortsverkehr **BUS 586** oder **RB 31** nach Elsterwerda-Biehla, Rückfahrt ggf. Halt in →**Falkenberg**
Sehenswertes: Schloss Elsterwerda, evangelischen Kirche St. Katharina, katholische Kirche Schmerzhafte Mutter, Rathaus

Eisenhüttenstadt

ab Ostkreuz Gleis 1 **RE 1** bis →**Frankfurt/Oder** (halbstündlich), ggf. umsteigen in **RB 11** Richtung →**Cottbus** bis Eisenhüttenstadt (Gesamtfahrzeit 64 min/77 min)
Sehenswertes: Museum Utopie und Alltag, Städtisches Museum Eisenhüttenstadt, Nikolai-Kirche, Feuerwehrmuseum, Technisches Denkmal Zwillingsschachtschleuse, Mosaik von Walter Womacka am heutigen Linden-Zentrum, Sowjetisches Ehrenmal, etwas entfernt Kloster Neuzelle

Reiseempfehlung

Falkenberg

ab Ostkreuz Gleis 11 **S 41** bis Südkreuz, umsteigen in **RE 3** Richtung Falkenberg (Gesamtfahrzeit: 110 min.), Ausgang rechts Fußweg am Bahnhofsgebäude vorbei die Bahnhofsstraße bis zur Karlstraße (dritte Querstraße links) bis zur Hausnummer 10 (ca. 12 min)

Sehenswertes: Brandenburgisches Eisenbahnmuseum

Falkensee

ab Ostkreuz Gleis 2 **RE 2** Richtung →**Wittenberge**/Wismar (stündlich) bis Falkensee (Gesamtfahrtzeit 35 min), Gullydeckel direkt im Bahnhofsumfeld; ggf. Weiterfahrt Richtung →**Nauen**

Sehenswertes: Evangelische Dorfkirche Falkenhagen, Evangelische Dorfkirche See-gefeld, Evangelische Dorfkirche Finkenkrug, Katholische Kirche St. Konrad von Parz-ham

Forst (Lausitz)

ab Ostkreuz Gleis1 **RE 2** bis Cottbus Hbf. (stündlich – Minute 51), umsteigen in **RB 46** Gleis 7 Richtung Forst (Umstiegszeit 8 min), Weiterfahrt mit **BUS 861** bis Rosengarten Historischer Eingang (Gesamtfahrzeit: 120 min)

Sehenswertes: Ostdeutscher Rosengarten, Brandenburgisches Textilmuseum und Forster St. Nikolai-Kirche

Frankfurt/Oder

ab Ostkreuz Gleis 1 **RE 1** Richtung Frankfurt/Oder (halbstündlich – Fußweg 2 min), umsteigen in **TRAM 4** bis Brunnenplatz (Gesamtfahrzeit: 66 min.) Fußweg bis Markt/Rathaus (3 min)

Sehenswertes: Heilandskapelle Frankfurt (Oder), Kleist Forum, St. Marienkirche Frankfurt (Oder), MuseumViadrina (Junkerhaus), Brandenburgisches Landesmuseum für moderne Kunst und das Kleist-Museum

Fürstenberg (Ortsteil von Eisenhüttenstadt)

ab Ostkreuz Gleis 1 **RE 1** bis →**Frankfurt/Oder** (halbstündlich), ggf. umsteigen in **RB 11** Richtung →**Cottbus** bis Eisenhüttenstadt (Gesamtfahrzeit 64 min/77 min) Beeskower Straße in westliche Richtung ca. 1,3 km Fußweg bis zur Lindenallee, links abbiegen in die Lindenallee, 750 m bis zum Rathaus

Sehenswertes: Pfarrkirche St. Nikolai , das ehemalige Rathaus in Fürstenberg

Reiseempfehlung

Gransee

ab Ostkreuz Gleis 12 **S 42** Ring Richtung Gesundbrunnen, dort umsteigen in **RE 5** bis Gransee Bf. (stündlich), Fußweg in das Stadtzentrum (ca. 15 min)
Sehenswertes: Heimatmuseum Gransee im ehemaligen „Heilig-Geist-Hospital", Ruppiner Tor – Wahrzeichen von Gransee, Stadtmauer mit Wiekhäusern, Pulverturm und Ruppiner Tor, Granseer Wartturm sowie das Denkmal für Königin Luise

Guben

ab Ostkreuz Gleis 1 **RE 1** Richtung →**Frankfurt(Oder)** oder →**Cottbus** (halbstündlich), ggf. umsteigen in **RB 11** Richtung Cottbus bis Guben Bf. Umsteigen in **BUS 890** Richtung Kaltenborn bis Frankfurter Straße (Gesamtfahrzeit: 112 min)
Sehenswertes: Heimatmuseum „Sprucker Mühle", Stadt- und Industriemuseum Guben, Gubener Bergkapelle und die Gubener Kolsterkirche

Hönow (Ortteil der Gemeinde Hoppegarten)

ab Ostkreuz Gleis 3 **S 5** Richtung Mahlsdorf/Hoppegarten/Strausberg/Nord (alle 10 min) bis Wuhletal, umsteigen in die **U 5** Richtung Hönow bis Endstation, Mahlsdorfer Straße überqueren, 150 Meter in nördliche Richtung rechts in die Straße „Am Weiher" bis zum Ende, Ziel: Straße „Am Grünzug", dieser folgen.
Sehenswertes: Dorfkriche (Hönow-Nord)

Hohen Neuendorf

ab Ostkreuz Gleis 12 **S 8** Richtung Birkenwerder bis Hohen Neuendorf (Gesamtfahrzeit: 42 min), 10 min Fußweg bis zum Rathaus (zehn Gullydeckel in zwei Reihen)
Sehenswertes: Wasserturm und Wasserwerk Hohen Neuendorf, Evangelische Kirche Hohen Neuendorf

Kyritz

ab Ostkreuz Gleis 2 **RE 2** Richtung Wittenberge/Wismar bis Neustadt/Dosse (stündlich) umsteigen in Neustadt (Dosse) in **RB 73** bis Kyritz Bf., die Bahnhofstraße weiter bis zum Markt
Sehenswertes: in Neustadt (Dosse): Brandenburgisches Haupt- und Landesgestüt, das Technisches Denkmal Gaswerk sowie die Kreuzkirche und die Herz-Jesu-Kirche in Kyritz: die St. Marienkirche

Reiseempfehlung

Luckenwalde

ab Ostkreuz Gleis 11 **S 41** Ring Richtung Südkreuz, umsteigen in **RE 3** Richtung →**Falkenberg** bis Luckenwalde (Gesamtfahrzeit: 60 min), Bahnhofstraße entgegen der Fahrtrichtung bis zur Poststraße dort rechter Hand abbiegen und der Straße bis zum Markt folgen.

Sehenswertes: Heimatmuseum und Tierpark Luckenwalde sowie die Fläming-Therme

Müllrose

ab Ostkreuz Gleis 1 **RE 1** Richtung →**Frankfurt(Oder)**/→**Eisenhüttenstadt,** umsteigen in Frankfurt/Oder in **BUS 443** Richtung ZOB Eisenhüttenstadt bis Markt Müllrose

Sehenswertes: Evangelische Kirche Müllrose, Müllroser Mühle, Heimatmuseum zur Ur- und Frühgeschichte des Ortes und der Umgebung

Nauen

ab Ostkreuz Gleis 2 **RE 2** Richtung →**Wittenberge**/Wismar (stündlich) bis Nauen (Gesamtfahrtzeit 35 min), Fußweg in die Stadt ca. 15 min

alternativ: **BUS 658/659** bis Lindenplatz

alternativ: ab Ostkreuz Gleis 2 **RB 14** nach Nauen

Sehenswertes: Stadtkirche St. Jacobi, der Wasserturm an der Ecke Mauerstraße/Goethestraße, in der Innenstadt: das im Jugendstil errichtete Voßsche Haus (Mittelstraße 33) sowie das Barzsche Haus (Mittelstraße 12–16) und schließlich das Rumpffsche Haus

Neuenhagen *bei Berlin*

ab Ostkreuz Gleis **S 5** Richtung Strausberg (alle 20 min. 17, 37, 57) bis **Neuenhagen** (Fahrzeit: 25 min)

a) nördlich: Ernst-Thälmann-Straße bis Rathaus (ca. 1 km, 15 min Fußweg), Gullydeckel mit Stadtwappen

b) südlich: **BUS 940** bis Hermann-Löns-Straße (8 min Fahrzeit) Gullydeckel mit Signet des Landes Brandenburg

Sehenswertes: das Rathaus mit Wasserturm, evangelische Kirche des Dorfes Neuenhagen, die Dorfkirche von Bollensdorf

Reiseempfehlung

Neuruppin

ab Ostkreuz Gleis 12 **S 42** Ring bis Gesundbrunnen, umsteigen in **RE 6** Gleis 9 Richtung →**Wittenberge** (stündlich) bis Neuruppin Bf. Rheinsberger Tor (Gesamtfahrzeit: 98 min.) von dort Fußweg 10 min Richtung Altstadt
Sehenswertes: Klosterkirche St. Trinitatis, Siechenhauskapelle St. Lazarus, Fontane-Geburtshaus mit Löwen-Apotheke, das Alte Gymnasium, das Karl-Friedrich-Schinkel-Denkmal und das Theodor-Fontane-Denkmal

Perleberg

ab Ostkreuz Gleis 2 **RE 2** Richtung Wittenberge/Wismar bis →**Wittenberge** (stündlich) umsteigen in **RE 6** Richtung Gesundbrunnen bis Perleberg Bf., die Lenzener Straße bis Wittenberger Straße, der Wittenberger Straße folgend bis zur Bäckerstraße (Fußgängerzone)
Sehenswertes: Stadt-und Regionalmuseum Perleberg, Rolandstatue, Tierpark

Potsdam

ab Ostkreuz Gleis 2 **RE 1** Richtung Brandenburg/Havel bzw. Magdeburg bis Potsdam Hbf. (Fahrzeit: 41 min- halbstündlich)
alternativ: ab Ostkreuz Gleis 6 **S 7** nach Potsdam Hbf. (Fahrzeit: 51 min – alle 10 min)
Sehenswertes: Schloss Sanssouci, Neues Palais, Orangerieschloss, Mamorpalais im „Neuen Garten", Schloss Belvedere auf dem Pfingstberg, Park Sanssouci, Holländisches Viertel, der Alte Markt und die Reste der Stadtmauer mit den drei Toren (Brandenburger Tor, Nauener Tor und Jägertor)

Prenzlau

ab Ostkreuz Gleis 12 mit der **S 42** bis Gesundbrunnen, umsteigen in den **RE 3** Richtung Stralsund oder Schwedt (umsteigen in Angermünde **RB 62**) bis Prenzlau Bf. Fußweg in die Altstadt ca. 15 min *alternativ:* **BUS 447/448** bis Straße des Friedens
Sehenswertes: Stadtmauer mit ihren Türmen, Sabinenkirche, Alte Nikolaikirche (St. Nicolai), Kirche des ehemaligen Franziskanerklosters, Kirche des ehemaligen Dominikanerklosters „Zum Heiligen Kreuz", Heiliggeistkapelle und die Rolandstatue

Rathenow

ab Ostkreuz Gleis 12 mit der **S 42** Ring bis Jungfernheide, umsteigen in den **RE 7** (stündlich) nach Rathenow von Gleis 4 (Gesamtfahrzeit: 81 min) Fußweg 5 min. in Fahrtrichtung bis zur Hans-von-Rosenberg-Straße
Sehenswertes: BUGA-Gelände (2015), Optikindustriemuseum, St.-Marien-Andreas-Kirche und der Bismarckturm

Reiseempfehlung

Schlieben

ab Ostkreuz Gleis 1 **RB 14** bis Schönefeld Terminal 1-2, weiter **RE 17** bis Doberlug-Kirchhain, Umstieg in **BUS 544** bis Schlieben, Feuerwehr (Gesamtfahrtzeit: 150 min)
alternativ - verbinden mit Elsterwerda und/oder Falkenberg: Umstieg in Bf. Herzberg (Elster), Fußweg 20 min zum Bus 544 Anhalter Straße bis Schlieben, Feuerwehr
Sehenswertes: Stadtkirche St. Martin, Drandorfhof und der Martinsturm

Spremberg

ab Ostkreuz Gleis 1 **RE 2** in Richtung Cottbus (stündlich – Minute 51), umsteigen in Cottbus (5 min) in **RB 65** Richtung Zittau bis Spremberg Bf. (Gesamtreisezeit: 90 min) Fußweg 20 min in die Stadt *alternativ:* **BUS 880** bis Schlossstraße
Sehenswertes: Kreuzkirche, Wendische Kirche, Evangelische Auferstehungskirche, Katholische Kirche St. Benno, Kavalierhaus, Burglehnhaus, Bismarckturm und das Schloss Spremberg

Strausberg

ab Ostkreuz Gleis 3 Richtung Strausberg/Nord (alle 20 min) bis Strausberg umsteigen in die Straßenbahn Linie **89** bis Endhaltestelle Lustgarten (alle 20 min), in Fahrtrichtung Fußweg 10 min bis zum Markt. (Gesamtreisezeit: 68 min)
Sehenswertes: römisch-katholische Kirche St. Joseph, Statue „Roter Matrose", zur Erinnerung an den Kieler Matrosenaufstand (1918)

Velten

ab Ostkreuz Gleis 12 mit der **S 8** oder **S 85** bis Bornholmer Straße, umsteigen in **S 25** Richtung Hennigsdorf, umsteigen in **RB 55** oder **RE 6** bis Velten Bf., Fußweg in Fahrtrichtung die Bahnstraße folgen bis zur Victoriastraße, rechts abbiegen und die Straße bis zum Markt folgen
Sehenswertes: Ofen- und Keramikmuseum Velten, (das einzige seiner Art in Deutschland)

Werder (Havel)

ab Ostkreuz Gleis 2 **RE 1** Richtung Brandenburg/Havel bzw. Magdeburg Hbf. (halbstündlich) bis Werder (Havel), umsteigen in **BUS 630/631** bis Unter den Linden (Apotheke) (Gesamtfahrzeit: 65 min)
Sehenswertes: Obstbaumuseum und die Inselstadt Werder mit ihren kleinen Gassen, alten Fischerhäusern und der Bockwindmühle

Reiseempfehlung

Wittenberge

ab Ostkreuz Gleis 2 **RE 2** (stündlich – Minute 10) bis Wittenberge Hbf. (Gesamtfahrzeit: 100 min), Fußweg (entgegen der Fahrtrichtung) in Richtung Stadt 10 min bis Friedrichstraße
Sehenswertes: Steintorturm, Alte Burg Wittenberge (Stadtmuseum Wittenberge), Katholische Kirche St. Heinrich, Historischer Wasserturm im Stadtpark und die Gropiussiedlung „Eigene Scholle"

Wittstock/Dosse

ab Ostkreuz Gleis 2 **RE 2** Richtung Wittenberge/Wismar bis Neustadt/Dosse (stündlich), umsteigen in Neustadt (Dosse) in **RB 73** bis Wittstock Bf. (Gesamtfahrtzeit: 112 min.) Fußweg 5 min Poststraße bis Markt/Marienstraße
Sehenswertes: St.-Marien-Kirche, Museum Alte Bischofsburg in der alten Bischofsburg, Ostprignitzmuseum im Bürgermeisterhaus

Wriezen

ab Ostkreuz Gleis 3 **S 5** Richtung Strausberg/Nord (alle 20min. - Minute 17) bis Strausberg/Nord umsteigen in **BUS 887** (stündlich) bis Wriezen Bf. (Gesamtfahrtzeit: 70 min), Fußweg 5 min Richtung Kirche (Promenade/Wilhelmstraße) Kanaldeckel *S – Schmutzwasserkanal* weiter die Promenade in Richtung Stadtverwaltung zur Freienwalder Straße 50, *R – Regenwasserkanal* (Bushaltestelle). Ggf. Weiterfahrt nach →**Bad Freienwalde** oder Rückfahrt.
Sehenswertes: St.-Marien-Kirche, St.-Laurentius-Kirche und das Stadtmuseum

Wusterhausen (Dosse)

ab Ostkreuz Gleis 2 **RE 2** Richtung Wittenberge/Wismar bis Neustadt/Dosse (stündlich), umsteigen in Neustadt (Dosse) in **RB 73** bis Wusterhausen (Dosse) Bf., die Bahnhofstraße entlang bis Am Markt
Sehenswertes: Stadtkirche St. Peter und Paul sowie das Wegemuseum Wusterhausen

Zehdenick (Mark)

ab Ostkreuz Gleis 7 **RB 12** stündlich Richtung Templin Zehdenick Bf. (Fahrzeit: 65 min.), Eisenbahnstraße bis zur Bahnhofstraße rechts abbiegen bis zur Clara-Zetkin-Straße
Sehenswertes: Schiffermuseum, Klosterruine Zehdenick und Ziegeleipark Mildenberg

Übersicht über die Regionalbahnlinien im Land Brandenburg

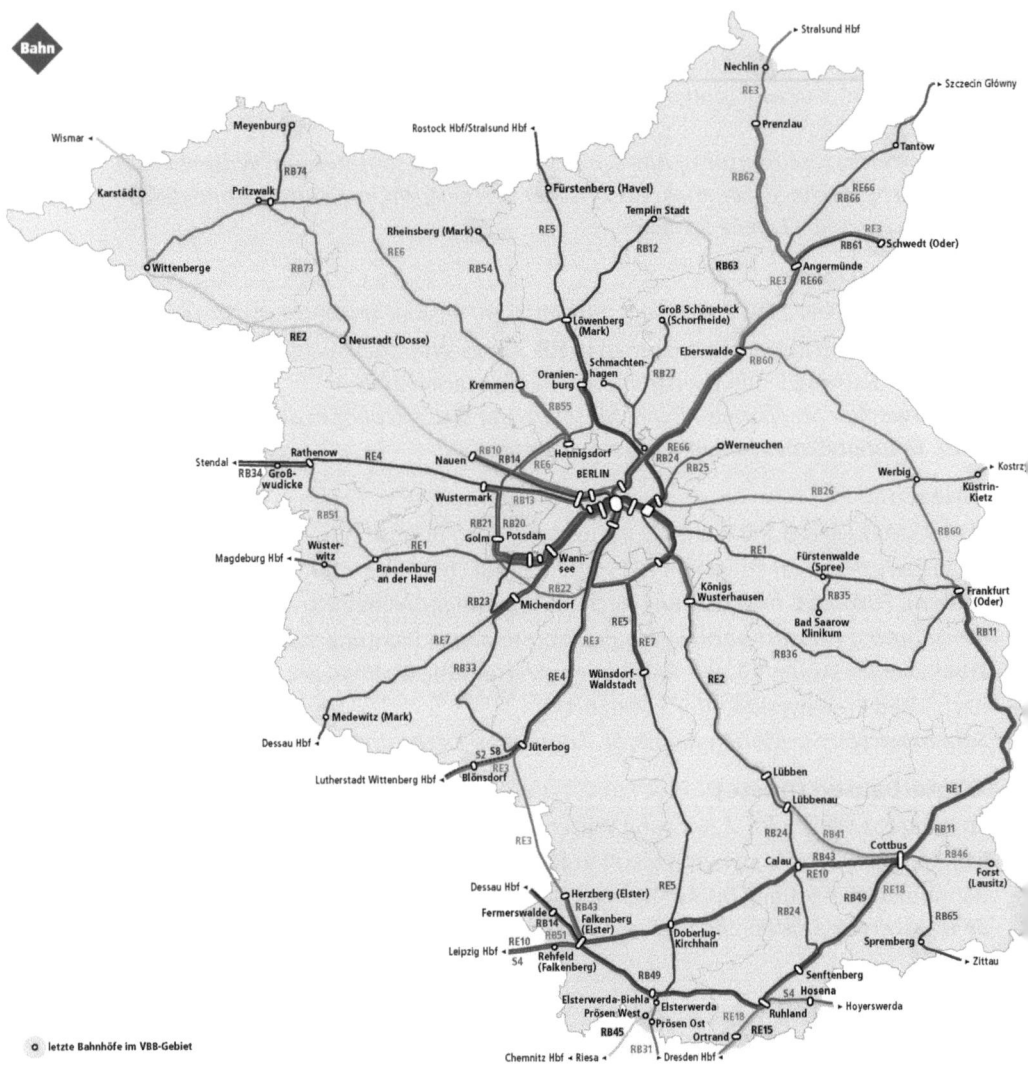

Fußnoten

Fußnoten:

1) https://service.brandenburg.de/lis/detail.php?template=wappen_text_d&id=17034
https://de.wikipedia.org/wiki/Bad_Freienwalde_(Oder)#Wappen

2) https://service.brandenburg.de/lis/detail.php?template=wappen_text_d&id=17086
https://de.wikipedia.org/wiki/Beelitz#Wappen

3) https://de.wikipedia.org/wiki/Beeskow#Wappen

4) https//service.brandenburg.de/lis/detail.php?template=wappen_text_d&id=17025

5) https://service.brandenburg.de/lis/detail.php?template=wappen_text_d&id=17081

6) https://service.brandenburg.de/lis/detail.php?template=wappen_text_d&id=17039
https://de.wikipedia.org/wiki/Nauen#Wappen_und_Flagge

7) https://service.brandenburg.de/lis/detail.php?template=wappen_text_d&id=17082

8) https://service.brandenburg.de/lis/detail.php?template=wappen_text_d&id=17131

9) https://de.wikipedia.org/wiki/Werder_(Havel)

10) https://service.brandenburg.de/lis/detail.php?template=wappen_text_d&id=17084

11) https://de.wikipedia.org/wiki/Wusterhausen/Dosse#Wappen

12) https://service.brandenburg.de/lis/detail.php?template=wappen_text_d&id=17058

13) https://de.wikipedia.org/wiki/Strausberg

14) https://service.brandenburg.de/lis/detail.php?template=wappen_text_d&id=19981

15) https://daten.verwaltungsportal.de/dateien/rechtsgrundlagen/1289985685hauptsatzung.pdf

16) https://de.wikipedia.org/wiki/Bad_Freienwalde_(Oder)#Wappen

(Abrufe: Oktober 2020)

Literatur- und Quellenverzeichnis

Literaturverzeichnis

- Amtsblatt für den Landkreis Ostprignitz-Ruppin Nr. 1/2019, S. 12
- Amtsblatt für den Landkreis Elbe –Elster Nr. 1/2013, S. 1
- Prenzlauer Stadtlexikon und Geschichte in Daten; Arbeiten des Uckermärkischen Geschichtsvereins zu Prenzlau e.V., Band 7, ISBN 978-3-9346-7717-3

Internetquellen

www.service.Brandenburg.de

www.schachtdeckel.de/   *von Andrea Pietsch*

www.deckelschau.de/   *von Kristian Marten*

http://www.kanaldeckel-fotos.de/   *von Jörn Lembke*

https://www.heraldik-wiki.de/

https://de.wikipedia.org/wiki/ <ort>

https://de.wikipedia.org/wiki/Budde_%26_Goehde

https://www.bb-wa.de/leistungen/archivierung/891-v-3-3-elisabethhuette.html

http://manholecovers.de/wilhelm-koehler-veb-eisenwerk-guben

http://www.gwaz-guben.de

https://www.hwaz.de/

https://www.wav-elsterwerda.de/

http://www.was-storkow.de/

https://www.owa-falkensee.de/schoenwalde-glien.html

https://www.landkreis-oder-spree.de/Politik-Landkreis/Landkreis/Kreiswappen

https://www.dahme-spreewald.info/de/Landkreis/Wappen/45.html